sommair

Amérique du Nord

Amérique du nord

Pays: 23

Population: 579 million

Superficie: 24.71 million km²

Le plus grand pays: Canada

 **Antigue-et-Barbude**

Capitale: Saint John's

Langue: Anglais

Monnaie: Dollar des Caraïbes orientales

Superficie: 442 km² (170 sq mi)

Population: 96,286

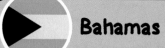 **Bahamas**

Capitale: Nassau

Langue: Anglais

Monnaie: Dollar bahaméen

Superficie: 13,878 km² (5,358 sq mi)

Population: 385,637

 Barbade

Capitale: Bridgetown

Langue: Anglais

Monnaie: Dollar barbadien

Superficie: 439 km² (169 sq mi)

Population: 277,821

 Belize

Capitale: Belmopan

Langue: Anglais

Monnaie: Dollar bélizien

Superficie: 22,966 km² (8,867 sq mi)

Population: 408,487

 Canada

Capitale: Ottawa

Langue: Anglais, français

Monnaie: Dollar canadien

Superficie: 9,984,670 km² (3,855,100 sq mi)

Population: 37,797,496

 Costa Rica

Capitale: San José

Langue: Espagnol

Monnaie: colón

Superficie: 51,100 km² (19,700 sq mi)

Population: 4,999,441

 République de Cuba

Capitale: La Havane

Langue: Espagnol

Monnaie: Peso cubain convertible

Superficie: 109,884 km² (42,426 sq mi)

Population: 11,209,628

 Dominique

Capitale: Roseau

Langue: Anglais

Monnaie: Dollar des Caraïbes orientales

Superficie: 750 km² (290 sq mi)

Population: 71,625

 République dominicaine

Capitale: Saint-Domingue

Langue: Espagnol

Monnaie: Peso dominicain

Superficie: 48,671 km² (18,792 sq mi)

Population: 10,735,896

Salvador

Capitale: San Salvador

Langue: Espagnol

Monnaie: Dollar américain

Superficie: 21,041 km²
(8,124 sq mi)

Population: 6,420,746

 Grenade

Capitale: Saint-Georges

Langue: Anglais

Monnaie: Dollar des Caraïbes orientales

Superficie: 348.5 km²
(134.6 sq mi)

Population: 111,454

 Guatemala

Capitale: Guatemala

Langue: Espagnol

Monnaie: Quetzal

Superficie: 108,889 km²
(42,042 sq mi)

Population: 17,263,239

 Haïti

Capitale: Port-au-Prince

Langue: Français, Créole haïtien

Monnaie: Gourde haïtienne

Superficie: 27,750 km²
(10,710 sq mi)

Population: 11,123,178

 Honduras

Capitale: Tegucigalpa

Langue: Espagnol

Monnaie: Lempira

Superficie: 112,492 km²
(43,433 sq mi)

Population: 9,587,522

 **Jamaïque**

Capitale: Kingston

Langue: Anglais

Monnaie: Dollar jamaïcain

Superficie: 10,991 km²
(4,244 sq mi)

Population: 2,890,299

 Mexique

Capitale: Mexico

Langue: Espagnol

Monnaie: Peso mexicain

Superficie: 1,972,550 km²
(761,610 sq mi)

Population: 126,577,691

 Nicaragua

Capitale: Managua

Langue: Espagnol

Monnaie: Córdoba oro

Superficie: 130,375 km²
(50,338 sq mi)

Population: 6,167,237

 Panama

Capitale: Panama

Langue: Espagnol

Monnaie: Balboa

Superficie: 75,417 km²
(29,119 sq mi)

Population: 4,176,869

Saint-Christophe-et-Niévès

Capitale: Basseterre

Langue: Anglais

Monnaie: Dollar des Caraïbes orientales

Superficie: 261 km² (101 sq mi)

Population: 52,441

Sainte-Lucie

Capitale: Castries

Langue: Anglais

Monnaie: Dollar des Caraïbes orientales

Superficie: 617 km² (238 sq mi)

Population: 181,889

Saint-Vincent-et-les-Grenadines

Capitale: Kingstown

Langue: Anglais

Monnaie: Dollar des Caraïbes orientales

Superficie: 389 km² (150 sq mi)

Population: 110,211

Trinité-et-Tobago

Capitale: Port-d'Espagne

Langue: Anglais

Monnaie: Dollar de Trinité-et-Tobago

Superficie: 5,131 km² (1,981 sq mi)

Population: 1,363,985

Etats-Unis d'Amérique

Capitale: Washington, D.C.

Langue: Anglais

Monnaie: Dollar américain

Superficie: 9,833,520 km² (3,796,742 sq mi)

Population: 328,239,523

Amérique du Sud

Amérique
du Sud

Pays: 12

Population: 423 million

Superficie: 17.84 million km²

Le plus grand pays: Brésil

Argentine

Capitale: Buenos Aires

Langue: Espagnol

Monnaie: Peso argentin

Superficie: 2,780,400 km²
(1,073,500 sq mi)

Population: 44,938,712

 Bolivie

Capitale: Sucre, La Paz

Langue: Espagnol

Monnaie: Boliviano

Superficie: 1,098,581 km²
(424,164 sq mi)

Population: 11,428,245

 Brésil

Capitale: Brasilia

Langue: Portugais

Monnaie: Réal brésilien

Superficie: 8,515,767 km²
(3,287,956 sq mi)

Population: 210,147,125

 Chili

Capitale: Santiago

Langue: Espagnol

Monnaie: Peso

Superficie: 756,096.3 km²
(291,930.4 sq mi)

Population: 17,574,003

 Colombie

Capitale: Bogota

Langue: Espagnol, Anglais

Monnaie: Peso colombien

Superficie: 1,141,748 km²
(440,831 sq mi)

Population: 48,258,494

 Equateur

Capitale: Quito

Langue: Espagnol

Monnaie: Dollar américain

Superficie: 283,561 km²
(109,484 sq mi)

Population: 17,084,358

 Guyana

Capitale: Georgetown

Langue: Anglais

Monnaie: Dollar du Guyana

Superficie: 214,970 km²
(83,000 sq mi)

Population: 786,391

 Paraguay

Capitale: Asuncion

Langue: Espagnol, Guarani

Monnaie: Guaraní

Superficie: 406,752 km²
(157,048 sq mi)

Population: 7,152,703

 Pérou

Capitale: Lima

Langue: Espagnol

Monnaie: Sol

Superficie: 1,285,216 km²
(496,225 sq mi)

Population: 32,824,358

Suriname

Capitale: Paramaribo

Langue: Néerlandais

Monnaie: Dollar du Suriname

Superficie: 163,821 km²
(63,252 sq mi)

Population: 575,990

 Uruguay

Capitale: Montevideo

Langue: Espagnol

Monnaie: Peso uruguayen

Superficie: 176,215 km²
(68,037 sq mi)

Population: 3,449,285

 Venezuela

Capitale: Caracas

Langue: Espagnol

Monnaie: Bolivar vénézuélien

Superficie: 916,445 km²
(353,841 sq mi)

Population: 28,887,118

Afrique

Afrique

Pays: 54

Population: 1.3 milliard

Superficie: 30.37 million km²

Le plus grand pays: Algérie

Algérie

Capitale: **Alger**

Langue: **Arabe , Berbère**

Monnaie: **Dinar algérien**

Superficie: **2,381,741 km²**
(919,595 sq mi)

Population: **43,000,000**

 Angola

Capitale: **Luanda**

Langue: **Portugais**

Monnaie: **Kwanza**

Superficie: **1,246,700 km²**
(481,400 sq mi)

Population: **25,789,024**

 Bénin

Capitale: **Porto-Novo**

Langue: **Français**

Monnaie: **Franc CFA**

Superficie: **114,763 km²**
(44,310 sq mi)

Population: **11,485,044**

 Botswana

Capitale: **Gaborone**

Langue: **Anglais, Tswana**

Monnaie: **Pula**

Superficie: **581,730 km²**
(224,610 sq mi)

Population: **2,254,068**

 Burkina Faso

Capitale: **Ouagadougou**

Langue: **Français**

Monnaie: **Franc CFA**

Superficie: **1274,200 km²**
(105,900 sq mi)

Population: **20,107,509**

 **Burundi**

Capitale: **Gitega**

Langue: **Kirundi, Français, Anglais**

Monnaie: **Franc burundais**

Superficie: **27,834 km²**
(10,747 sq mi)

Population: **11,745,876**

 Cameroun

Capitale: **Yaoundé**

Langue: **Anglais, Français**

Monnaie: **Franc CFA**

Superficie: **475,442 km²**
(183,569 sq mi)

Population: **25,216,267**

 Cap-Vert

Capitale: **Praia**

Langue: **Portuguese**

Monnaie: **Escudo cap-verdien**

Superficie: **4,033 km²**
(1,557 sq mi)

Population: **543,767**

 République centrafricaine

Capitale: **Bangui**

Langue: **Français, Sango**

Monnaie: **Franc CFA**

Superficie: **622,984 km²**
(240,535 sq mi)

Population: **4,666,368**

Tchad

Capitale: N'Djamena

Langue: Arabe , Français

Monnaie: Franc CFA

Superficie: 1,284,000 km²
          (496,000 sq mi)

Population: 13,670,084

 Comores

Capitale: Moroni

Langue: Comorien, Arabe , Français

Monnaie: Franc comorien

Superficie: 1,659 km²
          (641 sq mi)

Population: 850,688

 **République démocratique du Congo**

Capitale: Kinshasa

Langue: Français

Monnaie: Franc congolais

Superficie: 2,345,409 km²
          (905,567 sq mi)

Population: 91,931,000

 Djibouti

Capitale: Djibouti

Langue: Français, Arabe

Monnaie: Franc Djibouti

Superficie: 23,200 km²
          (9,000 sq mi)

Population: 884,017

 Egypte

Capitale: Le Caire

Langue: Arabe

Monnaie: Livre égyptienne

Superficie: 1,010,408 km²
          (390,121 sq mi)

Population: 100,075,480

 Guinée équatoriale

Capitale: Malabo

Langue: Espagnol, Français, portugais

Monnaie: Franc CFA

Superficie: 28,050 km²
          (10,830 sq mi)

Population: 1,308,975

 Erythrée

Capitale: Asmara

Langue: Tigrigna, Arabe , Anglais

Monnaie: Nakfa

Superficie: 117,600 km²
          (45,400 sq mi)

Population: 5,750,433

 Eswatini

Capitale: Mbabane, Lobamba

Langue: Swati, Anglais

Monnaie: Lilangeni

Superficie: 17,364 km²
          (6,704 sq mi)

Population: 1,136,281

 Ethiopie

Capitale: Addis-Abeba

Langue: Amharique

Monnaie: Birr

Superficie: 1,104,300 km²
          (426,400 sq mi)

Population: 109,224,414

 **Gabon**

Capitale: Libreville

Langue: Français

Monnaie: Franc CFA

Superficie: 267,667 km²
(103,347 sq mi)

Population: 2,119,275

 Gambie

Capitale: Banjul

Langue: Anglais

Monnaie: Dalasi

Superficie: 10,689 km²
(4,127 sq mi)

Population: 2,051,363

 Ghana

Capitale: Accra

Langue: Anglais

Monnaie: Cedi

Superficie: 239,567 km²
(92,497 sq mi)

Population: 28,308,301

 Guinée

Capitale: Conakry

Langue: Français

Monnaie: Franc guinéen

Superficie: 245,857 km²
(94,926 sq mi)

Population: 12,414,293

 Guinée-Bissau

Capitale: Bissau

Langue: Portugais

Monnaie: Franc CFA

Superficie: 36,125 km²
(13,948 sq mi)

Population: 1,874,303

 Côte d'Ivoire

Capitale: Yamoussoukro

Langue: Français

Monnaie: Franc CFA

Superficie: 322,463 km²
(124,504 sq mi)

Population: 23,740,424

 Kenya

Capitale: Nairobi

Langue: Anglais, Swahili

Monnaie: Shilling kényan

Superficie: 580,367 km²
(224,081 sq mi)

Population: 47,564,296

 Lesotho

Capitale: Maseru

Langue: Sotho, Anglais

Monnaie: Loti

Superficie: 30,355 km²
(11,720 sq mi)

Population: 2,108,328

 Liberia

Capitale: Monrovia

Langue: Anglais

Monnaie: Dollar libérien

Superficie: 111,369 km²
(43,000 sq mi)

Population: 4,809,768

Libye

Capitale: Tripoli

Langue: Arabe

Monnaie: Dinar libyen

Superficie: 1,759,541 km²
(679,363 sq mi)

Population: 6,653,210

Madagascar

Capitale: Antananarivo

Langue: Malgache, Français

Monnaie: Ariary

Superficie: 587,041 km²
(226,658 sq mi)

Population: 26,262,313

Malawi

Capitale: Lilongwe

Langue: Anglais, Chewa

Monnaie: Kwacha malawien

Superficie: 118,484 km²
(45,747 sq mi)

Population: 18,143,217

Mali

Capitale: Bamako

Langue: Français

Monnaie: Franc CFA

Superficie: 1,240,192 km²
(478,841 sq mi)

Population: 19,329,841

Mauritanie

Capitale: Nouakchott

Langue: Arabe

Monnaie: Ouguiya

Superficie: 1,030,000 km²
(400,000 sq mi)

Population: 4,403,313

Maurice

Capitale: Port-Louis

Langue: Anglais, Français

Monnaie: Roupie mauricienne

Superficie: 2,040 km²
(790 sq mi)

Population: 1,265,985

Maroc

Capitale: Rabat

Langue: Arabe, Amazighe

Monnaie: Dirham marocain

Superficie: 710,850 km²
(274,460 sq mi)

Population: 35,581,294

Mozambique

Capitale: Maputo

Langue: Portugais

Monnaie: Metical

Superficie: 801,590 km²
(309,500 sq mi)

Population: 29,496,004

Namibie

Capitale: Windhoek

Langue: Anglais

Monnaie: Dollar namibien

Superficie: 825,615 km²
(318,772 sq mi)

Population: 2,606,971

Niger

Capitale: Niamey

Langue: Français

Monnaie: Franc CFA

Superficie: 1,267,000 km²
(489,000 sq mi)

Population: 22,442,831

 Nigeria

Capitale: Abuja

Langue: Anglais

Monnaie: Naira

Superficie: 923,768 km²
(356,669 sq mi)

Population: 200,962,417

 République du Congo

Capitale: Brazzaville

Langue: Français

Monnaie: Franc CFA

Superficie: 342,000 km²
(132,000 sq mi)

Population: 5,244,359

 Rwanda

Capitale: Kigali

Langue: Anglais, Français

Monnaie: Franc rwandais

Superficie: 26,338 km²
(10,169 sq mi)

Population: 11,262,564

 Sao Tomé-et-Principe

Capitale: São Tomé

Langue: Portugais

Monnaie: Nouveau dobra

Superficie: 1,001 km²
(386 sq mi)

Population: 211,028

 Sénégal

Capitale: Dakar

Langue: Français

Monnaie: Franc CFA

Superficie: 196,712 km²
(75,951 sq mi)

Population: 15,854,323

 Seychelles

Capitale: Victoria

Langue: Anglais, Français,
Créole seychellois

Monnaie: Roupie seychelloise

Superficie: 459 km²
(177 sq mi)

Population: 97,096

 Sierra Leone

Capitale: Freetown

Langue: Anglais

Monnaie: Leone

Superficie: 71,740 km²
(27,700 sq mi)

Population: 7,075,641

 Somalie

Capitale: Mogadiscio

Langue: Somali, Arabe

Monnaie: Shilling somalien

Superficie: 637,657 km²
(246,201 sq mi)

Population: 11,031,386

Afrique du Sud

Capitale: Pretoria

Langue: 11 langues officielles

Monnaie: Rand

Superficie: 1,221,037 km²
(471,445 sq mi)

Population: 58,775,022

Soudan du Sud

Capitale: Djouba

Langue: Anglais

Monnaie: livre sud-soudanaise

Superficie: 619,745 km²
(239,285 sq mi)

Population: 10,975,927

Soudan

Capitale: Khartoum

Langue: Arabe, anglais

Monnaie: Livre soudanaise

Superficie: 1,886,068 km²
(728,215 sq mi)

Population: 41,592,539

Tanzanie

Capitale: Dodoma

Langue: Swahili, Anglais

Monnaie: Shilling tanzanien

Superficie: 947,303 km²
(365,756 sq mi)

Population: 56,313,438

Togo

Capitale: Lomé

Langue: Français

Monnaie: Franc CFA

Superficie: 56,785 km²
(21,925 sq mi)

Population: 7,965,055

Tunisie

Capitale: Tunis

Langue: Arabe

Monnaie: Dinar tunisien

Superficie: 163,610 km²
(63,170 sq mi)

Population: 11,722,038

Ouganda

Capitale: Kampala

Langue: Anglais, Swahili

Monnaie: Shilling ougandais

Superficie: 241,038 km²
(93,065 sq mi)

Population: 42,729,036

Zambie

Capitale: Lusaka

Langue: Anglais

Monnaie: Kwacha zambien

Superficie: 752,618 km²
(290,587 sq mi)

Population: 17,351,708

Zimbabwe

Capitale: Harare

Langue: Anglais

Monnaie: Dollar

Superficie: 390,757 km²
(150,872 sq mi)

Population: 14,438,802

Asie

Asie

Pays: 49

Population: 4.56 milliard

Superficie: 44.58 million km²

Le plus grand pays: Russie

Afghanistan

Capitale: **Kaboul**

Langue: **Pachto, Dari**

Monnaie: **Afghani**

Superficie: **652,230 km²**
(251,830 sq mi)

Population: **32,225,560**

Arménie

Capitale: **Erevan**

Langue: **Arménien**

Monnaie: **Dram**

Superficie: **29,743 km²**
(11,484 sq mi)

Population: **2,951,745**

Azerbaïdjan

Capitale: **Bakou**

Langue: **Azéri**

Monnaie: **Manat azerbaïdjanais**

Superficie: **86,600 km²**
(33,400 sq mi)

Population: **10,027,874**

Bahreïn

Capitale: **Manama**

Langue: **Arabe**

Monnaie: **Dinar bahreïni**

Superficie: **780 km²**
(300 sq mi)

Population: **1,569,446**

Bangladesh

Capitale: **Dacca**

Langue: **Bengali**

Monnaie: **Taka**

Superficie: **147,570 km²**
(56,980 sq mi)

Population: **161,376,708**

Bhoutan

Capitale: **Thimphou**

Langue: **Dzongkha**

Monnaie: **Ngultrum**

Superficie: **38,394 km²**
(14,824 sq mi)

Population: **741,700**

Brunei

Capitale: **Bandar Seri Begawan**

Langue: **Malais**

Monnaie: **Dollar de Brunei**

Superficie: **5,765 km²**
(2,226 sq mi)

Population: **442,400**

Cambodge

Capitale: **Phnom Penh**

Langue: **Khmer**

Monnaie: **Riel**

Superficie: **181,035 km²**
(69,898 sq mi)

Population: **15,288,489**

Chine

Capitale: **Pékin**

Langue: **Mandarin standard**

Monnaie: **Renminbi (yuan)**

Superficie: **9,596,961 km²**
(3,705,407 sq mi)

Population: **1,427,647,786**

 **Géorgie**

Capitale: Tbilissi

Langue: Géorgien, abkhaze

Monnaie: Lari

Superficie: 69,700 km²
(26,900 sq mi)

Population: 3,723,464

 **Inde**

Capitale: New Delhi

Langue: Hindi, Anglais

Monnaie: Roupie indienne

Superficie: 3,287,263 km²
(1,269,219 sq mi)

Population: 1,352,642,280

Indonésie

Capitale: Jakarta

Langue: Indonésien

Monnaie: Roupie indonésienne

Superficie: 1,904,569 km²
(735,358 sq mi)

Population: 267,670,543

 Iran

Capitale: Téhéran

Langue: Persan

Monnaie: Rial

Superficie: 1,648,195 km²
(636,372 sq mi)

Population: 83,183,741

 Irak

Capitale: Bagdad

Langue: Arabe , kurde

Monnaie: Dinar irakien

Superficie: 437,072 km²
(168,754 sq mi)

Population: 38,433,600

 Israël

Capitale: Jérusalem

Langue: Hébreu

Monnaie: Shekel

Superficie: 20,770–22,072 km²
(8,019–8,522 sq mi)

Population: 9,170,100

 Japon

Capitale: Tokyo

Langue: Japonais

Monnaie: Yen

Superficie: 377,975 km²
(145,937 sq mi)

Population: 126,150,000

 Jordanie

Capitale: Amman

Langue: Arabe

Monnaie: Dinar jordanien

Superficie: 89,342 km²
(34,495 sq mi)

Population: 10,407,793

 Kazakhstan

Capitale: Noursoultan

Langue: Kazakh, Russe

Monnaie: Tenge kazakh

Superficie: 2,724,900 km²
(1,052,100 sq mi)

Population: 18,448,600

Koweït

Capitale: Ville de Koweït

Langue: Arabe

Monnaie: Dinar koweïtien

Superficie: 17,818 km²
(6,880 sq mi)

Population: 4,621,638

Kirghizistan

Capitale: Bichkek

Langue: Kirghize, Russe

Monnaie: Som

Superficie: 199,951 km²
(77,202 sq mi)

Population: 6,389,500

Laos

Capitale: Vientiane

Langue: Lao

Monnaie: Kip

Superficie: 237,955 km²
(91,875 sq mi)

Population: 7,061,507

Liban

Capitale: Beyrouth

Langue: Arabe

Monnaie: Livre libanaise

Superficie: 10,452 km²
(4,036 sq mi)

Population: 6,859,408

Malaisie

Capitale: Kuala Lumpur

Langue: Malais

Monnaie: Ringgit

Superficie: 330,803 km²
(127,724 sq mi)

Population: 32,772,100

Maldives

Capitale: Malé

Langue: Maldivien

Monnaie: Rufiyaa

Superficie: 298 km²
(115 sq mi)

Population: 392,473

Mongolie

Capitale: Oulan-Bator

Langue: Mongol

Monnaie: Tugrik

Superficie: 1,566,000 km²
(605,000 sq mi)

Population: 3,278,290

Myanmar

Capitale: Naypyidaw

Langue: Birman

Monnaie: Kyat

Superficie: 676,578 km²
(261,228 sq mi)

Population: 53,582,855

Népal

Capitale: Katmandou

Langue: Népalais

Monnaie: Roupie népalaise

Superficie: 147,181 km²
(56,827 sq mi)

Population: 28,095,714

 Corée du Nord

Capitale: Pyongyang

Langue: Munhwaŏ

Monnaie: Won nord-coréen

Superficie: 120,540 km²
(46,540 sq mi)

Population: 25,549,604

 Oman

Capitale: Mascate

Langue: Arabe

Monnaie: Rial omanais

Superficie: 309,500 km²
(119,500 sq mi)

Population: 4,829,473

 Pakistan

Capitale: Islamabad

Langue: Anglais, Ourdou

Monnaie: Roupie pakistanaise

Superficie: 881,913 km²
(340,509 sq mi)

Population: 212,228,286

 Palestine

Capitale: Jérusalem-Est

Langue: Arabe

Monnaie: Livre égyptienne,
Shekel israélien,
Dinar jordanien

Superficie: 6,020 km²
(2,320 sq mi)

Population: 5,051,953

 Philippines

Capitale: Manille

Langue: Philippin, Anglais

Monnaie: Peso philippin

Superficie: 300,000 km²
(120,000 sq mi)

Population: 100,981,437

 Qatar

Capitale: Doha

Langue: Arabe

Monnaie: Riyal

Superficie: 11,581 km²
(4,471 sq mi)

Population: 2,641,669

 Russie

Capitale: Moscou

Langue: Russe

Monnaie: Rouble

Superficie: 17,098,246 km²
(6,601,670 sq mi)

Population: 146,745,098

 Arabie saoudite

Capitale: Riyad

Langue: Arabe

Monnaie: Riyal saoudien

Superficie: 2,149,690 km²
(830,000 sq mi)

Population: 34,218,169

 Singapour

Capitale: Singapour

Langue: Anglais, malais, mandarin
standard et tamoul

Monnaie: Dollar de Singapour

Superficie: 725.7 km²
(280.2 sq mi)

Population: 5,638,700

Corée du Sud

Capitale: Séoul

Langue: Coréen

Monnaie: Won

Superficie: 100,363 km²
(38,750 sq mi)

Population: 51,709,098

Sri Lanka

Capitale: Sri Jayawardenapura Kotte

Langue: Cingalais, Tamoul

Monnaie: Roupie srilankaise

Superficie: 65,610 km²
(25,330 sq mi)

Population: 21,670,000

Syrie

Capitale: Damas

Langue: Arabe

Monnaie: Livre syrienne

Superficie: 185,180 km²
(71,500 sq mi)

Population: 17,070,135

Taïwan

Capitale: Taipei

Langue: Mandarin de Taïwan

Monnaie: Nouveau dollar de Taïwan

Superficie: 36,197 km²
(13,976 sq mi)

Population: 23,780,452

Tadjikistan

Capitale: Douchanbé

Langue: Tadjik

Monnaie: Somoni

Superficie: 143,100 km²
(55,300 sq mi)

Population: 9,275,827

Thaïlande

Capitale: Bangkok

Langue: Thaï

Monnaie: Baht

Superficie: 513,120 km²
(198,120 sq mi)

Population: 69,428,453

Timor oriental

Capitale: Dili

Langue: Tétoum, Portuguese

Monnaie: Dollar américain

Superficie: 15,007 km²
(5,794 sq mi)

Population: 1,183,643

Turquie

Capitale: Ankara

Langue: Turc

Monnaie: Lire turque

Superficie: 783,356 km²
(302,455 sq mi)

Population: 82,003,882

Turkménistan

Capitale: Achgabat

Langue: Turkmène

Monnaie: Manat turkmène

Superficie: 491,210 km²
(189,660 sq mi)

Population: 5,850,901

Emirats arabes unis

Capitale: Abou Dabi

Langue: Arabe

Monnaie: Dirham émirati

Superficie: 83,600 km²
(32,300 sq mi)

Population: 9,599,353

Ouzbékistan

Capitale: Tachkent

Langue: Ouzbek

Monnaie: Sum ouzbek

Superficie: 448,978 km²
(173,351 sq mi)

Population: 33,905,800

Viêt Nam

Capitale: Hanoï

Langue: Vietnamien

Monnaie: đồng

Superficie: 331,212 km²
(127,882 sq mi)

Population: 95,545,962

Yémen

Capitale: Sanaa

Langue: Arabe

Monnaie: Riyal yéménite

Superficie: 527,968 km²
(203,850 sq mi)

Population: 28,498,683

Europe

EUROPE

Pays: 51

Population: 746.4 million

Superficie: 10.18 million km²

Le plus grand pays: Russie

Albanie

Capitale: Tirana

Langue: Albanais

Monnaie: Lek

Superficie: 28,748 km²
(11,100 sq mi)

Population: 2,876,591

 Andorre

Capitale: Andorre-la-Vieille

Langue: Catalan

Monnaie: Euro

Superficie: 467.63 km²
(180.55 sq mi)

Population: 76,177

 Arménie

Capitale: Erevan

Langue: Arménien

Monnaie: Dram

Superficie: 29,743 km²
(11,484 sq mi)

Population: 2,951,745

 Autriche

Capitale: Vienne

Langue: Allemand

Monnaie: Euro

Superficie: 83,879 km²
(32,386 sq mi)

Population: 8,902,600

 Azerbaïdjan

Capitale: Bakou

Langue: Azéri

Monnaie: Manat azerbaïdjanais

Superficie: 86,600 km²
(33,400 sq mi)

Population: 10,027,874

 Biélorussie

Capitale: Minsk

Langue: Biélorusse, Russe

Monnaie: Rouble biélorusse

Superficie: 207,595 km²
(80,153 sq mi)

Population: 9,491,800

 Belgique

Capitale: Bruxelles

Langue: Français, Néerlandais,
Allemand

Monnaie: Euro

Superficie: 30,689 km²
(11,849 sq mi)

Population: 11,515,793

 Bosnie-Herzégovine

Capitale: Sarajevo

Langue: Bosnien, serbe et croate

Monnaie: Mark convertible

Superficie: 51,129 km²
(19,741 sq mi)

Population: 3,511,372

 Bulgarie

Capitale: Sofia

Langue: Bulgare

Monnaie: Lev

Superficie: 110,993.6 km²
(42,854.9 sq mi)

Population: 7,000,039

Croatie

Capitale: Zagreb

Langue: Croate

Monnaie: Kuna

Superficie: 56,594 km²
(21,851 sq mi)

Population: 4,076,246

 Chypre

Capitale: Nicosia

Langue: Grec moderne et turc

Monnaie: Nicosie

Superficie: 9,251 km²
(3,572 sq mi)

Population: 1,189,265

 République tchèque

Capitale: Prague

Langue: Tchèque

Monnaie: Couronne tchèque

Superficie: 78,866 km²
(30,450 sq mi)

Population: 10,649,800

 Danemark

Capitale: Copenhague

Langue: Danois

Monnaie: Couronne danoise

Superficie: 42,933 km²
(16,577 sq mi)

Population: 5,822,763

 Estonie

Capitale: Tallinn

Langue: Estonien

Monnaie: Euro

Superficie: 45,227 km²
(17,462 sq mi)

Population: 1,328,360

 Finlande

Capitale: Helsinki

Langue: Finnois, Suédois

Monnaie: Euro

Superficie: 338,424 km²
(130,666 sq mi)

Population: 5,521,158

 France

Capitale: Paris

Langue: Français

Monnaie: Euro

Superficie: 640,679 km²
(247,368 sq mi)

Population: 67,022,000

 Géorgie

Capitale: Tbilisi

Langue: Géorgien, abkhaze

Monnaie: Lari

Superficie: 69,700 km²
(26,900 sq mi)

Population: 3,723,464

 Allemagne

Capitale: Berlin

Langue: Allemand

Monnaie: Euro

Superficie: 357,386 km²
(137,988 sq mi)

Population: 83,149,300

 **Grèce**

Capitale: **Athènes**

Langue: **Grec**

Monnaie: **Euro**

Superficie: **131,957 km²**
(50,949 sq mi)

Population: **10,768,477**

 **Hongrie**

Capitale: **Budapest**

Langue: **Hongrois**

Monnaie: **Forint**

Superficie: **93,030 km²**
(35,920 sq mi)

Population: **9,772,756**

 **Islande**

Capitale: **Reykjavik**

Langue: **Islandais**

Monnaie: **Couronne islandaise**

Superficie: **102,775 km²**
(39,682 sq mi)

Population: **364,260**

 Irlande

Capitale: **Dublin**

Langue: **Irlandais, Anglais**

Monnaie: **Euro**

Superficie: **70,273 km²**
(27,133 sq mi)

Population: **4,921,500**

 Italie

Capitale: **Rome**

Langue: **Italien**

Monnaie: **Euro**

Superficie: **301,340 km²**
(116,350 sq mi)

Population: **60,317,546**

 Kazakhstan

Capitale: **Noursoultan**

Langue: **Kazakh**

Monnaie: **Tenge kazakh**

Superficie: **2,724,900 km²**
(1,052,100 sq mi)

Population: **18,448,600**

 Kosovo

Capitale: **Pristina**

Langue: **Albanais, Serbe**

Monnaie: **Euro**

Superficie: **10,887 km²**
(4,203 sq mi)

Population: **1,810,463**

 Lettonie

Capitale: **Riga**

Langue: **Letton**

Monnaie: **Euro**

Superficie: **64,589 km²**
(24,938 sq mi)

Population: **1,919,968**

 Liechtenstein

Capitale: **Vaduz**

Langue: **Allemand**

Monnaie: **Franc suisse**

Superficie: **160 km²**
(62 sq mi)

Population: **38,557**

Lituanie

Capitale: Vilnius

Langue: Lituanien

Monnaie: Euro

Superficie: 65,300 km²
(25,200 sq mi)

Population: 2,794,329

 Luxembourg

Capitale: Luxembourg

Langue: Luxembourgeois

Monnaie: Euro

Superficie: 2,586.4 km²
(998.6 sq mi)

Population: 613,894

Malte

Capitale: La Valette

Langue: Maltais, Anglais

Monnaie: Euro

Superficie: 316 km²
(122 sq mi)

Population: 493,559

 Moldavie

Capitale: Chișinău

Langue: Roumain

Monnaie: Leu moldave

Superficie: 33,846 km²
(13,068 sq mi)

Population: 2,681,735

 Monaco

Capitale: Commune de Monaco

Langue: Français

Monnaie: Euro

Superficie: 2.2 km²
(0.85 sq mi)

Population: 38,300

 Monténégro

Capitale: Podgorica

Langue: monténégrin

Monnaie: Euro

Superficie: 13,812 km²
(5,333 sq mi)

Population: 631,219

 Pays-Bas

Capitale: Amsterdam

Langue: Néerlandais

Monnaie: Euro

Superficie: 42,531 km²
(16,421 sq mi)

Population: 17,737,438

 Macédoine du Nord

Capitale: Skopje

Langue: Macédonien, Albanais

Monnaie: Denar

Superficie: 25,713 km²
(9,928 sq mi)

Population: 2,077,132

 Norvège

Capitale: Oslo

Langue: Bokmål, Nynorsk

Monnaie: Couronne norvégienne

Superficie: 385,207 km²
(148,729 sq mi)

Population: 5,367,580

Pologne

Capitale: Varsovie

Langue: Polonais

Monnaie: Złoty

Superficie: 312,696 km²
(120,733 sq mi)

Population: 38,386,000

 Portugal

Capitale: Lisbonne

Langue: Portugais

Monnaie: Euro

Superficie: 92,212 km²
(35,603 sq mi)

Population: 10,276,617

 Roumanie

Capitale: Bucarest

Langue: Roumain

Monnaie: Nouveau leu roumain

Superficie: 238,397 km²
(92,046 sq mi)

Population: 19,401,658

 Russie

Capitale: Moscou

Langue: Russe

Monnaie: Rouble

Superficie: 17,098,246 km²
(6,601,670 sq mi)

Population: 146,745,098

 Saint-Marin

Capitale: Saint-Marin

Langue: Italien

Monnaie: Euro

Superficie: 61.2 km²
(23.6 sq mi)

Population: 33,400

 Serbie

Capitale: Belgrade

Langue: Serbe

Monnaie: Dinar serbe

Superficie: 88,361 km²
(34,116 sq mi)

Population: 6,963,764

 Slovaquie

Capitale: Bratislava

Langue: Slovaque

Monnaie: Euro

Superficie: 49,035 km²
(18,933 sq mi)

Population: 5,450,421

 Slovénie

Capitale: Ljubljana

Langue: Slovène

Monnaie: Euro

Superficie: 20,273 km²
(7,827 sq mi)

Population: 2,094,060

 Espagne

Capitale: Madrid

Langue: Espagnol

Monnaie: Euro

Superficie: 505,990 km²
(195,360 sq mi)

Population: 46,733,038

Suède

Capitale: Stockholm

Langue: Suédois

Monnaie: Couronne suédoise

Superficie: 450,295 km²
(173,860 sq mi)

Population: 10,302,984

Suisse

Capitale: Berne

Langue: Allemand, Français, Italien
Romanche

Monnaie: Franc suisse

Superficie: 41,285 km²
(15,940 sq mi)

Population: 8,570,146

Turquie

Capitale: Ankara

Langue: Turc

Monnaie: Lire turque

Superficie: 783,356 km²
(302,455 sq mi)

Population: 82,003,882

Ukraine

Capitale: Kiev

Langue: Ukrainien

Monnaie: Hryvnia

Superficie: 603,628 km²
(233,062 sq mi)

Population: 42,030,832

Royaume-Uni

Capitale: Londres

Langue: Anglais

Monnaie: Livre sterling

Superficie: 242,495 km²
(93,628 sq mi)

Population: 67,545,757

Vatican

Capitale: Cité du Vatican

Langue: Latin, Italien

Monnaie: Euro

Superficie: 0.44 km²
(0.17 sq mi)

Population: 1,000

Océanie

Océanie

Pays: **14**

Population: **42 million**

Superficie: **8.526 million km²**

Le plus grand pays: **Australie**

Australie

Capitale: Canberra

Langue: Anglais

Monnaie: Dollar australien

Superficie: 7,692,024 km²
(2,969,907 sq mi)

Population: 25,644,800

Fidji

Capitale: Suva

Langue: Fidjien, Anglais,
Hindi des Fidji

Monnaie: Dollar de Fidji

Superficie: 18,274 km²
(7,056 sq mi)

Population: 926,276

Kiribati

Capitale: Tarawa

Langue: Anglais, Gilbertin

Monnaie: Dollar australien

Superficie: 811 km²
(313 sq mi)

Population: 122,330

Îles Marshall

Capitale: Delap-Uliga-Darrit

Langue: Anglais, Marshallais

Monnaie: Dollar américain

Superficie: 181.43 km²
(70.05 sq mi)

Population: 58,413

Micronésie

Capitale: Palikir

Langue: Anglais

Monnaie: Dollar américain

Superficie: 702 km²
(271 sq mi)

Population: 112,640

Nauru

Capitale: Yaren

Langue: Nauruan, Anglais

Monnaie: Dollar australien

Superficie: 21 km²
(8.1 sq mi)

Population: 13,649

Nouvelle-Zélande

Capitale: Wellington

Langue: Anglais, Māori,
Langue des signes

Monnaie: Dollar néo-zélandais

Superficie: 268,021 km²
(103,483 sq mi)

Population: 4,970,190

Palaos

Capitale: Melekeok

Langue: Anglais, Palauan, Japonais

Monnaie: Dollar américain

Superficie: 459 km²
(177 sq mi)

Population: 17,907

Papouasie-Nouvelle-Guinée

Capitale: Port Moresby

Langue: Anglais, Hiri, Tok Pisin,
PNG Sign Language

Monnaie: Kina

Superficie: 462,840 km²
(178,700 sq mi)

Population: 8,606,323

Samoa

Capitale: **Apia**

Langue: **Anglais, Samoan**

Monnaie: **Tala**

Superficie: **2,842 km²**
(1,097 sq mi)

Population: **195,843**

Îles Salomon

Capitale: **Honiara**

Langue: **Anglais**

Monnaie: **Dollar des Salomon**

Superficie: **28,400 km²**
(11,000 sq mi)

Population: **652,857**

Tonga

Capitale: **Nuku'alofa**

Langue: **Anglais, Tongien**

Monnaie: **Pa'anga**

Superficie: **748 km²**
(289 sq mi)

Population: **100,651**

Tuvalu

Capitale: **Funafuti**

Langue: **Anglais, Tuvaluan**

Monnaie: **Dollar tuvaluan**

Superficie: **26 km²**
(10 sq mi)

Population: **11,192**

Vanuatu

Capitale: **Port-Vila**

Langue: **Bichelamar, Anglais, Français**

Monnaie: **Vatu**

Superficie: **12,189 km²**
(4,706 sq mi)

Population: **272,459**

Antarctique

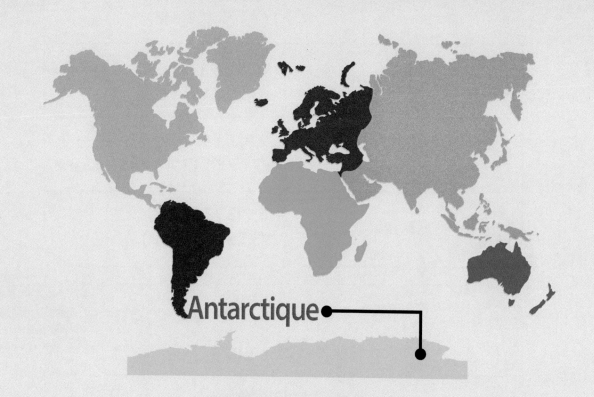

Antarctique

Pays: 0

Population: 1,106

Superficie: 14 million km²

Les 5 plus grands pays du monde (en superficie)

	Russie	17,098,242 km² (6,601,668 mi²)
	Canada	9,984,670 km² (3,855,100 mi²)
	Chine	9,596,961 km² (3,705,407 mi²)
	Etats-Unis d'Amérique	9,525,067 - 9,833,517 km² (3,677,649 - 3,796,742 mi²)
	Brésil	8,515,770 km² (3,287,957 mi²)

Les 5 plus petits pays du monde (en superficie)

	Pays	Superficie
	Vatican	0.44 km² 0.17 mi²
	Monaco	2.02 km² 0.78 mi²
	Nauru	21 km² 8.1 mi²
	Tuvalu	26 km² 10 mi²
	Saint-Marin	61 km² 24 mi²

Les 5 pays les plus peuplés du monde

	Chine	1,389,618,778
	Inde	1,311,559,204
	Etats-Unis d'Amérique	331,883,986
	Indonésie	264,935,824
	Pakistan	210,797,836

Les 5 pays les moins peuplés du monde

	Vatican	1,000
	Tuvalu	11,192
	Nauru	13,649
	Palaos	17,907
	Saint-Marin	33,400

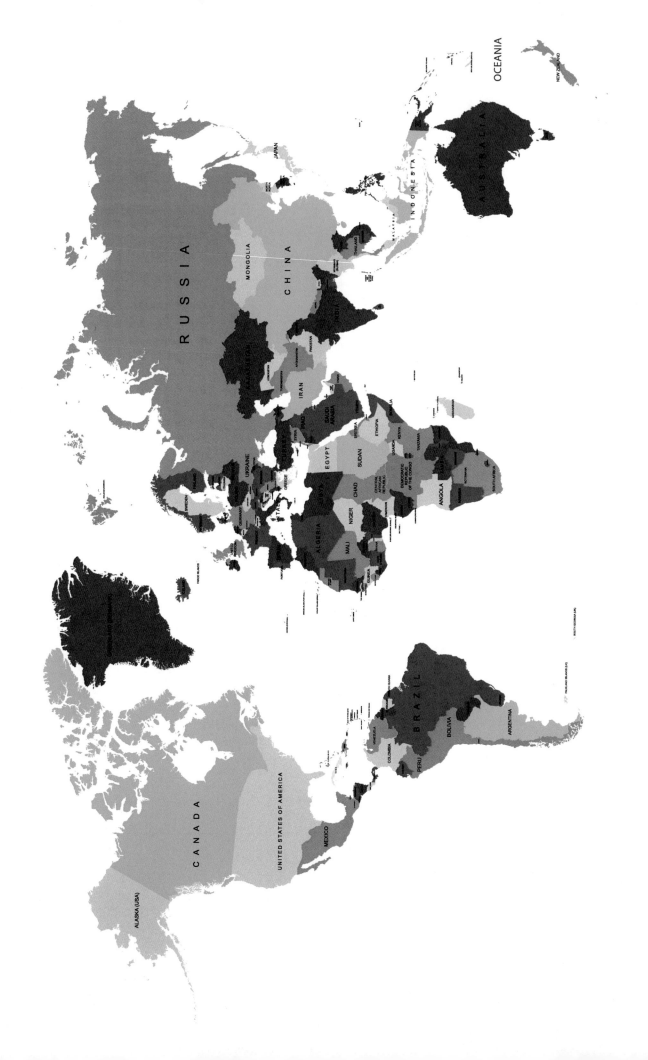

Made in the USA
Las Vegas, NV
01 August 2021